Willi Münch
Nur ein Vöglein hat gepfiffen

Honni soit qui mal y pense

Ein Schelm, der Böses dabei denkt

Willi Münch

Nur ein Vöglein hat gepfiffen

Zeichnungen und Berichte
aus dem öffentlichen Leben

1982
Rheinland-Verlag GmbH · Köln
in Kommission bei
Rudolf Habelt Verlag · Bonn

Rheinland-Verlag GmbH · Köln · 1982
Abtei Brauweiler, 5024 Pulheim 2
Gestaltung: Gregor Kierblewsky
Herstellung: Publikationsstelle
des Landschaftsverbandes Rheinland
Lithos: Peukert und Co., Köln
Druck: Locher GmbH, Köln
ISBN 3-7927-0680-6

Inhalt

Konrad Klug,
der Gemeinderat

Wilhelm Aal
Tragisches Schicksal eines Beamten

Der Weiberfeind
Ein Report aus der Amtsstube

Die Leichenbergung –
ein Kompetenzstreit

Der Abgeordnete
und seine wichtigsten Funktionen

**Konrad Klug,
der Gemeinderat**

Sechzig fast war Konrad Klug
und das fand er alt genug,
um sich ständ'ger Arbeit Mühen
nun nicht mehr zu unterziehen.

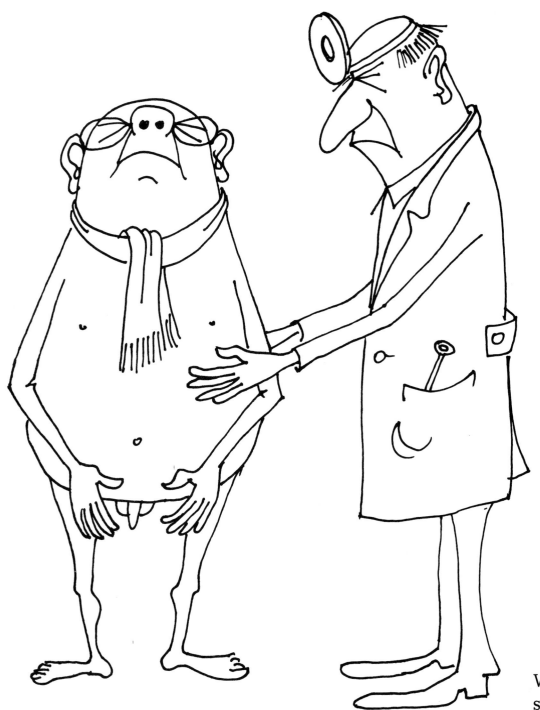

Wegen Rheuma wurde er
selbstzufried'ner Pensionär.

Eines Tag's traf Konrad Klug
einen alten Freund im Krug.

Der versuchte, recht und schlecht,
als sie läng're Zeit gezecht,
ihm die Politik am Orte
durch Gebärden und durch Worte
zu erklär'n und darzulegen,
um ihn schließlich zu bewegen,
bei der Wahl zum Rat der Stadt
mitzutun als Kandidat. –

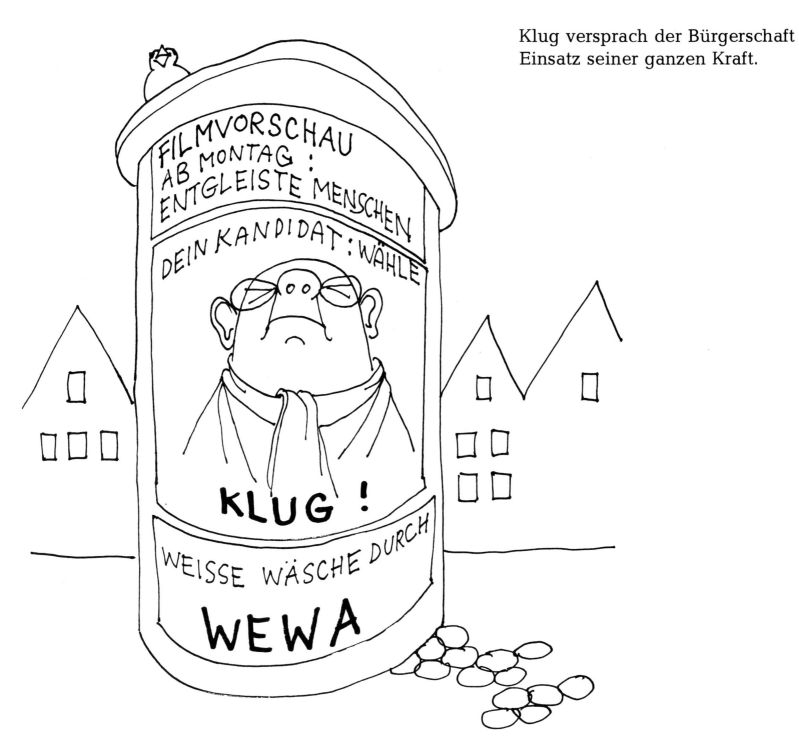

Klug versprach der Bürgerschaft
Einsatz seiner ganzen Kraft.

Kurz danach ward er gewählt,
denn wer zu den Besten zählt,
spürt das Volk ganz instinktiv –
wie es auch den Konrad rief. –
So kam dieser durch die Tat
eines Freundes in den Rat.

Hier, wo Geist und Weisheit thronen,
Intellekt und Klugheit wohnen,
wo man jedes Wort erwägt,
abtaxiert und überlegt,
wo man spürt, hier herrscht Verstand –
glaubt er seinen Wert erkannt.

Stolz flaniert er durch die Stadt,
denn er ist Gemeinderat.

Weil es ihn von jeher trieb
das, was bei ihm haften blieb,
seiner Umwelt mitzuteilen,
sieht man oft zum „Krug" ihn eilen.
Eben geht er wieder hin,
denn er denkt in seinem Sinn:
Was heut' der Gemeinderat
durchzuführ'n beschlossen hat,
läßt du deinen Wähler wissen —
sicher wird er das begrüßen.

„...n Abend Konrad, setz dich, hier!"

"Wirtin, bring dem Herrn ein Bier!"

„Äh – mein Lieber, was du neulich
mir gesagt, war nicht erfreulich.
Laß mich hören, ob du jetzt
endlich für mich durchgesetzt,
daß man den bewußten Rest
mir zum Bauen überläßt
und nicht, wie mir anvertraut,
dorthin eine Schule baut."

„Weißt du", sagte Klug verlegen,
„jene andern war'n dagegen,
aber laß den Mut nicht sinken,
komm, bestell, wir wollen trinken
und dabei dann eruieren
wie dein Fall zu regulieren!"

Nach sechs altbierfeuchten Stunden
war die Lösung auch gefunden. –
Schwankend trat der Konrad dann
nachts um eins den Heimweg an.

Vor der Haustür lallte er:
„Ein Gemeinderat hat's schwer."

Kaum im Bette, wurd's ihm übel.

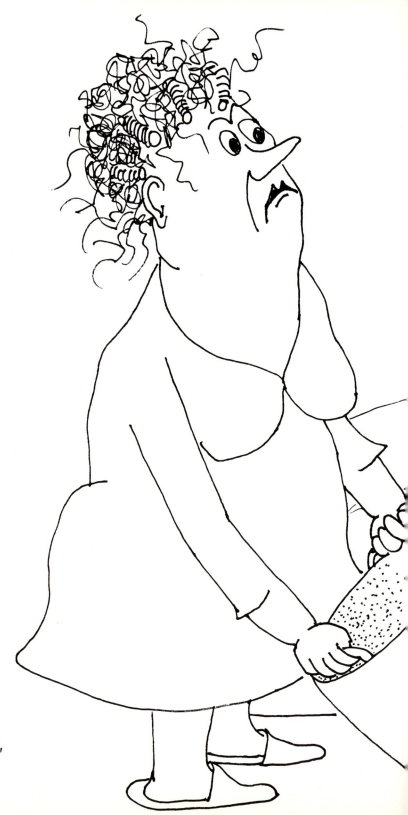

Seine Gattin bracht' den Kübel,

dem Herr Klug das anvertraute,
was die Brauerei stets braute.

Schaukelnd, mit entleertem Magen,
hat ihn Morpheus fortgetragen.

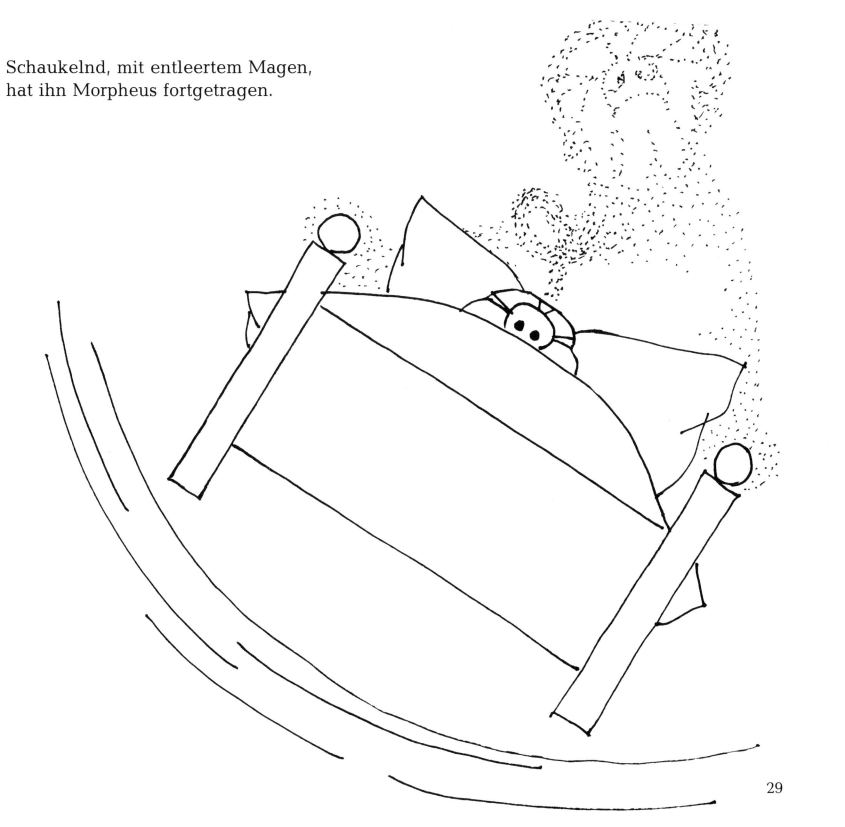

Konrad Klug fand's recht und billig,
daß er völlig eigenwillig
als Gemeinderat fungierte
und ihm mancher was spendierte,
weil der glaubte, daß es nütze,
wenn ihn Konrad unterstütze.

Auf die Dauer konnt' solch' Treiben
jedoch nicht verborgen bleiben.
Hier sieht's Bürgermeister Schlummer
und es macht ihm, scheint's, viel Kummer.

„Dieser Klug", sagt' er, „ist weder
ein passabler Volksvertreter
noch ein Mensch mit inn'rem Takt –
also wird er abgewrackt."

Und die schreckliche Tortur
stoppte Konrads Lebensuhr.

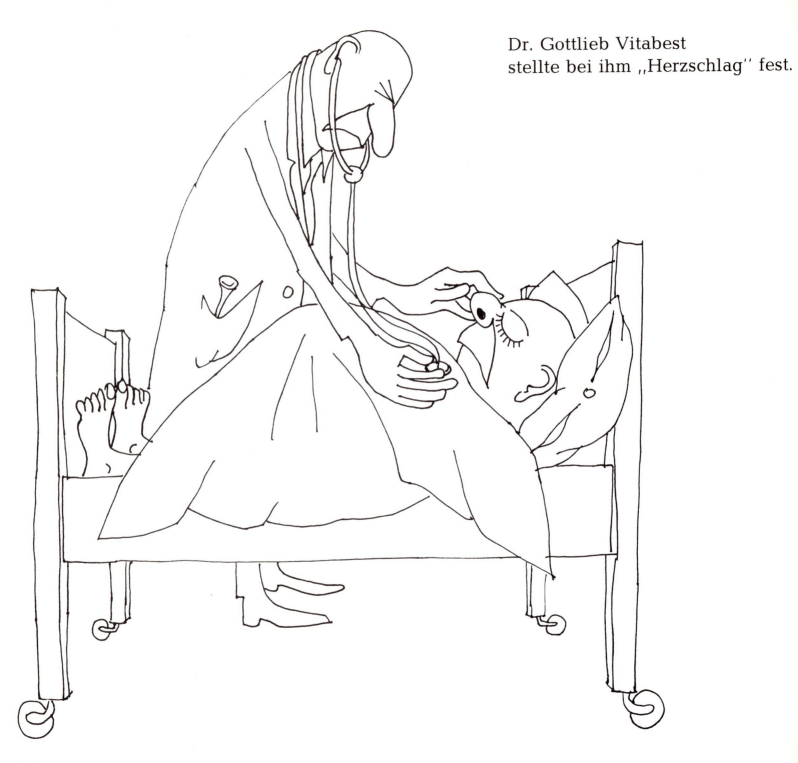

Dr. Gottlieb Vitabest
stellte bei ihm „Herzschlag" fest.

Würdig wurde Klug zuletzt auf dem Friedhof beigesetzt.

Hier an seinem Ruheorte,
sprach Herr Schlummer
diese Worte:
„Lieber Freund, nun
sagen wir
tiefbewegt Adieu
zu dir.
G'rade wie dir Tag
für Tag
aller Wohl am Herzen
lag,
soll auch Tag für
Tag uns dein
Wirken stetes Vorbild
sein."

Jeder schien hierob ergriffen – – –

nur ein Vöglein hat gepfiffen.

Epilog

Trotz Bedenken durfte
Konrad Klug in den
Himmel aufsteigen.
Hier wurde er zu einem
maßvollen, ehrsamen
Himmelstautrinker, der
mahnend den Finger
hebt, wenn seine Kollegen
auf der Erde ihn zum
Vorbild nehmen wollen.

Wilhelm Aal
Tragisches Schicksal eines Beamten

Wenn jemand ernsthaft überlegt,
was des Beamten Geist bewegt,
erkennt er ohne alle Frage,
daß der Verbess'rung seiner Lage
das Streben, Schaffen, Hoffen gilt,
bis seinen Ehrgeiz er gestillt,
im Dienst der Bürgerschaft zu steigen
und seinen Wert dabei zu zeigen.
Obwohl der Weg dahin nicht leicht,
hat Wilhelm Aal dies Ziel erreicht.

Er war noch Knäblein als die Tante
ihn „hochbegabtes Bürschlein" nannte –
und überhaupt – ein jeder wußte,
daß aus dem Bub was werden mußte.

So war es allen Leuten klar,
daß, als er 'rangewachsen war,
der junge Aal ins Rathaus kam,
wo man ihn in die Lehre nahm.

Denn es war des Vaters Wille,
daß er dort in aller Stille
ad a) sein Wissen brav vermehre
und trachte nach Beruf und Ehre,
ad b) der Jugend Kraft benütze
und sich vor Alltagssorgen schütze.

Bald ward er allgemein bekannt
und ,,intellektuell'' genannt
(was mit dem Maß, das ist wohl klar,
des Dorfes nur zu ermessen war,
in dem er klug verwaltete –
und wo er sich entfaltete).

Gleich, wie es sich in der Natur
ergibt, daß sich das Starke nur
erhält und durchzusetzen pflegt
und Schwaches aus dem Felde schlägt,

hat Wilhelm Aal mit viel Verstand
die Amtskollegen überrannt,
die gleich ihm zum Olymp hinstrebten
und nunmehr unten weiterlebten.

Sie hatten sich nun zu bemühen,
vor Wilhelm Aal den Hut zu ziehen,
denn Wilhelm war Verwaltungsleiter,
und sie war'n nur die Mitarbeiter.

Zwar hatte Wilhelm nun mit vielen
gewiegten Leuten „Schach zu spielen",
doch immer hat er mit gesundem
Verstand sich glatt herausgewunden.

Des Dorfes Wohlstand stieg und blühte,
weil Wilhelm Aal sich drum bemühte.

Fast jeder sagte froh begeistert:
„Der Wilhelm hat sein Amt gemeistert."

Doch eines Tages unterlief dem Beamten Wilhelm Aal ein Fehler – er machte es nämlich nicht allen recht. Und deshalb stachen sie ihn so lange (natürlich ganz demokratisch), bis ihn ein Stich ins Herz traf . . .
Und als er am Boden lag, heruntergestürzt von seinem Olymp, bedauerte er, überhaupt hinaufgeklettert zu sein.

Er starb, verzehrt vom Dienst am öffentlichen Wohl. Und aus Dankbarkeit fehlte keiner bei seiner Beerdigung.

Der Weiberfeind
Ein Report aus der Amtsstube

Jeder weiß, daß es vonnöten,
wenn die Damen alles töten,
was dem Charme verminderlich
und beim Flirten hinderlich;
oder wenn sie ihre Falten
(welche sie für schuldig halten,
daß die Männer sie oft blind
älter schätzen, als sie sind)
durch Kosmetika bekämpfen
und des Alters Fortschritt dämpfen.

Deshalb haben die Kollegen
im Büro auch nichts dagegen,
wenn die Damen hin und wieder
ihre Dienstgeschäfte nieder-
legen und mit Pudersack,
Lippenstift und Nagellack
ihrer Schönheit einen neuen,
liebenswerten Glanz verleihen.

Einen aber störte dieses,
der ein Weiberfeind, so hieß es,

und dem das, was einst wie jetzt
jeder brave Mann hoch schätzt,
oder heiß verehrt sogar,
regelrecht zuwider war.

Als in seinem Amt die Damen
ihre Puderbeutel nahmen,
um sich farbig neu zu fassen,
sah man ihn vor Wut erblassen.
„Sündig", rief er, „ist die Tat,
die den Zweck zum Ziele hat,
nur den amourösen, kecken
Sinn des Mannes aufzuwecken!"

Doch d e r Sinn war schon erwacht,
als der Mensch das vorgebracht;
nämlich bei zwo Mitarbeitern,
welche sich mit Aktenreitern
in der Weise unterhielten,
daß sie nach den Busen zielten;
was den Damen offenbar
sogar recht willkommen war;
wohingegen zornentbrannt
jener Frauenfeind dastand.

Jeglicher Beherrschung bloß,
stürzt' er auf die Werfer los.

Rutsch, da war er ausgeglitten,
der Verteidiger der Sitten,
und der Bleistift, wie ein Pfeil,
drang ihm in das Hinterteil.

Oh, wie hat dem zornigen Mann
dieser Stich doch wehgetan. –

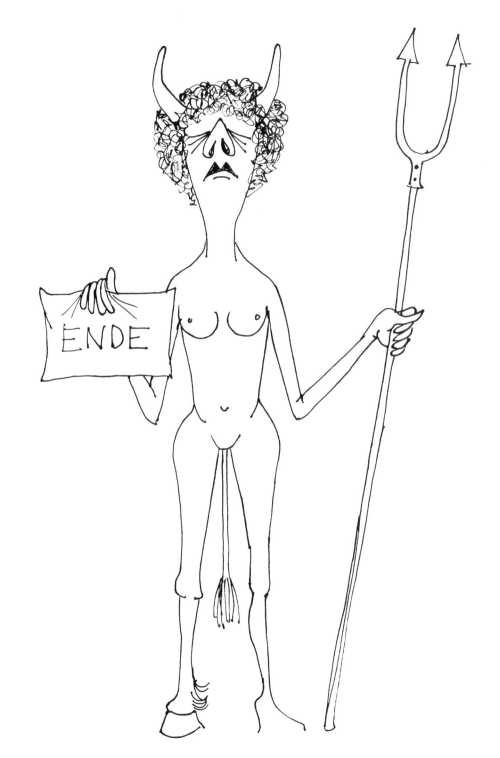

Kurz nach diesem Mißgeschick,
zog er sich empört zurück,
ohne es zu unterlassen,
alles in den Satz zu fassen:
„Grund für jegliches Malheur
ist das Weib von altersher;
daß es nur zum Bösen neigt,
hat sich wiederum gezeigt!"

**Die Leichenbergung –
ein Kompetenzstreit**

In des
Städtchens großem Teiche
schwamm einst eine Frauenleiche.

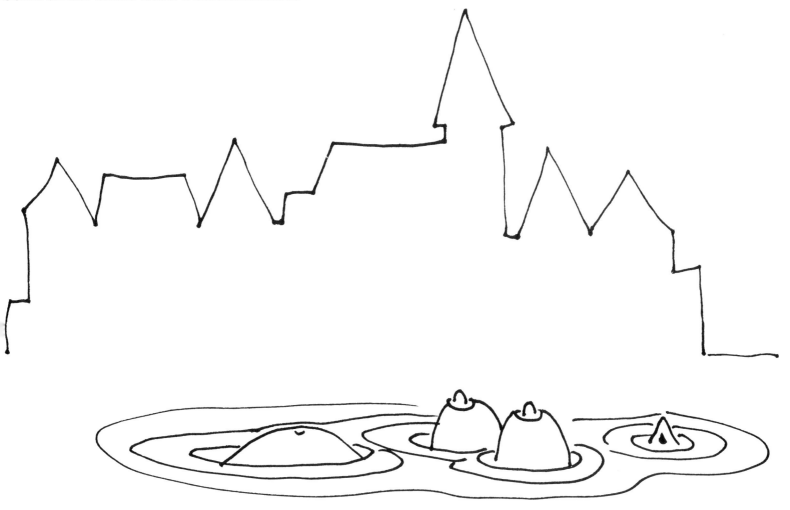

Woraufhin die Feuerwehr
dienstbeflissen kam daher,
um vermittels langer Stangen
die Verstorb'ne 'rauszulangen.

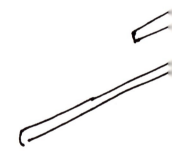

Zwar erbot sich kein gerinker
flaschenbiererprobter Trinker
kurzerhand, in allen Ehren,
das Gewässer zu entleeren;
was aus Gründen, die wohl klar,
jedoch abzulehnen war.

Als nach Rudern mit den Latten
zwo das Weib geortet hatten,
schlugen diese auf sich ein –
jeder wollt' der Finder sein.

Darob sprach der Leiter bieder:
„Männer, dieses war mal wieder
ein geglücktes Beispiel mehr
für die Schlagkraft uns'rer Wehr."

„Laßt uns nunmehr einen heben,
uns're Leiche, die soll leben!"

Der Abgeordnete und seine wichtigsten Funktionen

A Buhrufen, wenn der Sprecher der Opposition redet

B Applaudieren, wenn der
Sprecher der eigenen
Fraktion redet

C Diätenempfang
für **A** und **B**